ON THE HORIZON
OF LONELINESS: POEMS
IN REFLECTION

EN EL HORIZONTE
DE LA SOLEDAD: POEMAS
REFLEJOS

ON THE HORIZON OF LONELINESS: POEMS IN REFLECTION

EN EL HORIZONTE DE LA SOLEDAD: POEMAS REFLEJOS

Alfonso Solano
Translated by Don Cellini

MOUTHFEEL PRESS

On the Horizon of Loneliness/ En el horizonte de la soledad

Mouthfeel Press is an indie press publishing works in English and Spanish by new and established poets and writers. We publish poetry, fiction, and non-fiction.

Cover Design by Enzo Rodriguez Suarez
Cover Photo by Alfonso Solano
Contact Information:
Mouthfeelbooks.com
Info.mouthfeelbooks@gmail.com

ISBN: 978-1-957840-30-7
Published in the United States, 2024
$15

MOUTHFEEL PRESS

Contents / Índice

PROLOGUE / PRÓLOGO

A reflexive poem is a reflection, an intuition, and at the same time, a conviction. It is the reflexive act of a philosophical-idiomatic sense from which no direction is expected. On one side, there is its internal sound as the "corpus" of the poem, on the other the ungraspable — what is hidden behind the words. Poetry has both senses or none of them, if you will. It is the intimate word split from all proverbial and implicit value. It is, as Alfredo Silva Estrada rightly reflected, the transmuted word. Well, it pretends to be, of course. This word shows itself with all its virtue in the ungraspable otherness with an oblique perspective. Its "reality" if it has one, is an oxymoron and its long breath, concatenation. At times, it approaches the abyss of meaning, at other times, it remains suspended in ethereal futility. It affirms the happy conjunction as Flaubert and later Mallarmé said of "the necessary confluence between the just word and the musical word." Finally, it is poetry fleeing from its most intrinsic sense. Fleeing from the noise of meaning. The golden rose of the universe. No one's rose.

~~

Un poema reflejo es una reflexión, una intuición, y a la vez, una convicción. Es el acto reflejo de un sentido filosófico-idiomático del cual no se espera dirección alguna. En un lado, está su sonido interno como "corpus" del poema, en el otro lo inasible; lo que se oculta detrás de las palabras. En su poesis tiene ambos sentidos o ninguno de ellos, si así se quiere. Es la palabra íntima escindida de todo valor proverbial e implícito. Es, como bien lo reflexionó Alfredo Silva Estrada, la palabra transmutada. Bueno, pretende serlo, desde luego. Esta palabra se muestra con toda su virtud en la otredad inasible con una perspectiva oblicua. Su "realidad" si es que la posee, es el oxímoron y su largo aliento, la concatenación. En momentos, se aproxima al abismo del sentido, otras veces, se queda suspendido en la futilidad etérea. Afianza la feliz conjunción como decía Flaubert y más tarde Mallarmé de "la necesaria confluencia entre la palabra justa y la palabra musical". Finalmente, es la poesía huyendo de su sentido más intrínseco. Huyendo del ruido del sentido. La rosa dorada del universo. La rosa de nadie.

—Alfonso Solano

Note for Some Texts on the Desert and the Cosmos /
Nota para unos textos del desierto y el cosmos

Alberto Hernández

1.

These texts are shifting ground. Poems that move from the earth to the cosmos. Stars. Celestial stones in homage to those who have unleashed gods and demons, noises and silences. Giacometti enters this space. Alfonso Solano is responsible for this adventure where the reader's voice vibrates, prepares for a strange song, somewhat frayed by the frequency of adjectives that sharpen memory. It is then an omen. Solano, among so many poets and narrators, given to rehearsing and fabricating enigmas, gives us these small matters that become spirit in the eyes, in the ears, in the skin. But more in the eyes, where they remain installed.

Estos textos son tierra movediza. Poemas que se mueven de la tierra hacia el cosmos. Astros. Piedras celestiales en homenaje a quienes han desatado dioses y demonios, ruidos y silencios. Giacometti entra en este espacio. Alfonso Solano es el responsable de esta aventura donde la voz del que lee vibra, se prepara para un canto extraño, un tanto deshilachado por la frecuencia de los adjetivos que aguzan la memoria. Se trata entonces de un augurio. Solano, entre tanto poeta y narrador, dado a ensayar y a fabricar enigmas, nos entrega estos pequeños asuntos que se hacen espíritu en los ojos, en los oídos, en la piel. Pero más en los ojos, donde se quedan instalados.

2.

The desert flows in the poem. It is an enigma, a mark of sand in the cornea, in the conjunctiva of the one who travels through solitude. The poet draws a geography, an invisible, bottomless nature. A vegetation that at the beginning is diluted in the voices that follow.

Also the cosmos, surrounded by an ecstatic time, dead, disintegrated, reflected in the human sound, which could be the poem itself. Or the same silence.

Whoever descends to Celan's hell, consecrates it, being what he is, a poet kneaded with water and earth. And so, the poetry that enters Pollock's night.

El desierto fluye en el poema. Es un enigma, una marca de arena en la córnea, en la conjuntiva del que viaja por la soledad. El poeta dibuja una geografía, una naturaleza invisible, sin fondo. Una vegetación que al comienzo se diluye en las voces que siguen.

También el cosmos, rodeado por un tiempo extático, muerto, desintegrado, reflejado en el sonido humano, que podría ser el mismo poema. O el mismo silencio.

Quien baja hasta el infierno de Celan, lo consagra, siendo lo que es, poeta amasado con agua y tierra. Y así, la poesía que entra en la noche de Pollock.

3.
They are short poems of long lines, lying down, resting, tense as the strings of a guitar. A play of words where Huidobro looks out, sounds and slips into the void, into a shadow where the air vitalizes the presence of Sánchez Peláez. Always silence in the poem, his own search in a Japanese temple, in the dust of what vibrates in the air and becomes inaudible.

Solano's words beat in the middle of circles, between circles: the voice in the air, in the void where the earth reigns, time, an untouched body.

"The verb, the silent aura" that is where these poems wander, through silence, through the light that undresses the voice of the speaker and is silent in front of the universe, in front of the cosmos, in front of the reflection of the desert, in front of the being that returns and moves, like these ungrateful verses of Alfonso Solano.

Son poemas cortos de líneas largas, acostadas, en reposo, tensas como las cuerdas de una guitarra. Juego de vocablos donde Huidobro se asoma, suena y se desliza hacia el vacío, hacia una sombra donde el aire vitaliza la presencia de Sánchez Peláez. Siempre el silencio en el poema, su propia búsqueda en un templo japonés, en el polvo de lo que vibra en el aire y se hace inaudible.

Las palabras de Solano se baten en medio de círculos, entre círculos: la voz en el aire, en el vacío donde reina la tierra, el tiempo, un cuerpo intocado.

"El verbo, el aura silente" por allí vagan estos poemas, por el silencio, por la luz que desviste la voz de quien los pronuncia y calla frente al universo, frente al cosmos, frente al reflejo del desierto, frente al ser que regresa y se mueve, como estos versos íngrimos de Alfonso Solano.

ON THE HORIZON
OF LONELINESS: POEMS
IN REFLECTION

EN EL HORIZONTE
DE LA SOLEDAD: POEMAS
REFLEJOS

I

An impassable Sahara between both eyes. Transparency that flows
from north to south; an enigma, a mirage. A presence is forged
in front of the eye. It dilutes. It has no form but exists in a non-place.
Now, the dark desert of your gaze. Deserted cloud.

Sáhara infranqueable, entre los dos ojos. Transparencia que fluye
de norte a sur; es un enigma, un espejismo. Se forja una presencia
frente al ojo. Se diluye. No tiene forma pero existe en un no-lugar.
Ahora, el desierto oscuro de tu mirada. Nube desierta.

II
Homage to Giacometti

The white leaf, the fruit and the pencil. The pear is tiny,
the white unfathomable, the absent canvas.
Now you are like her:
only form. Only being.
Ejected.

Homenaje a Giacometti

La hoja blanca, el fruto y el lápiz. La pera es minúscula,
el blanco insondable, la tela ausente.
Ahora tú eres como ella:
solo forma. Solo dasein.
Eyectado.

III

Nothing of time, nothing of air. Only leaf beaten by the word.
The deep breath of a verb, the dull enigma of the impact. Only
the chartered air of phrases inhabiting the infinite otherness. Invisible.
The warm nothingness.

Nada del tiempo, nada del aire. Sólo hoja batida por la palabra.
El hálito profundo de un verbo, el enigma sordo del golpe. Sólo
el aire fletado de frases habitando la otredad infinita. Invisible.
La cálida nada.

IV

The infinite sphere travels the chords of time. Its reflection turns
to the brevity of the stellar stars. It is inserted in the singular
sound of the essence. It harbors in its spirit
being and nothingness. Everything is circular.
Even ourselves.

La esfera infinita transita los acordes del tiempo. Su reflejo gira
a la brevedad de las estrellas estelares. Se inserta en el singular
sonido de la esencia. Alberga en su espíritu
el ser y la nada. Todo es circular.
Hasta nosotros mismos.

V

Arc one. One and infinite. A land lost in the night
of time. The syllable pain was named "innumerable."
One and infinite. The light forging the "I."
The light alone.

Arco uno. Uno e infinito. Una tierra perdida en la noche
de los tiempos. La sílaba dolor se nombraba "innumerable".
Uno e infinito. La luz forjando el "yo".
La luz sola.

VI

In the vault of the apse, the unknown presence—
the initial verb. The absolute presence. The gaze of the one.
The light of the icon. Illumination!

En la bóveda del ábside, la presencia desconocida;
el verbo inicial. La presencia absoluta. La mirada del uno.
La luz del icono. ¡Iluminación!

VII
Holy Mystery

Paul Celan, the sacred priest sings: "No one is going to knead us
again of earth and clay, no one to save our dust with
psalms. No one." But, in spite of him, the light came solemnly.
He is without why. He is, because he is.

Misterio Vitiello

Paul Celan, el sacerdote sagrado canta: "Nadie va a amasarnos
de nuevo de tierra y barro, nadie a salvar nuestro polvo con
ensalmos. Nadie". Pero, a pesar de él, la luz advino solemne.
Él es sin porqué. Es, porque es.

VIII

Poetry fleeing the spell of noise-sense. Against the voice
on the golden line of silence. Seducing nothingness at the threshold
of origin. Now, in the invisible otherness, it stands firm against
the word, it eludes it, it scrutinizes it head on. No subject
is behind her. She alone is the light. Only the mirror, only
the essence. No one's rose.

Poesía huyendo del hechizo del ruido-sentido. A contra voz
en la áurea línea del silencio. Seduciendo a la nada en el umbral
del origen. Ahora en la otredad invisible, se yergue firme contra
la palabra, la esquiva, la escruta de frente. Ningún sujeto
está detrás de ella. Solo ella es la luz. Solo el espejo, solo
la esencia. La rosa de nadie.

IX
Homage to Jackson Pollock

Dreams in the crystal estate. A plowed shadow covers the disdain of the looming vestiges. Then, the crystal travels. The parachute, the flower and the night of the times. The crystal night.

Homenaje a Jackson Pollock

Sueños en la heredad del cristal. Una sombra ara cubre el desdén de los vestigios asomados. Luego, el cristal viaje. El paracaídas, la flor y la noche de los tiempos. La cristal noche.

X
Homage to Juan Sánchez Pélaez

Hello. Chartered air from north to south. Hello. Primary singularity
in the suffocating hour. Hello. Spectral air. Hello. Rhythmic air.
Hello. Spectral phrase. Hello. Empty phrase. Hello. Air on air.
Hello.

Homenaje a Juan Sánchez Pélaez

Hola. Aire fletado de norte a sur. Hola. Singularidad primaria
en la hora sofocante. Hola. Aire espectral. Hola. Aire ritmado.
Hola. Frase espectada. Hola. Frase vacía. Hola. Aire sobre aire.
Hola.

XI

It was hoisted/ like a tulip/ the white shadow/
left in the field.

Era izada/ como un tulipán/ la blanca sombra/
dejada en el campo.

XII

The black and the circle. A contradiction in the vibration
of the days. An unscathed melody. White dice:
no dots, no circles. Only the sphere: white and silent.
Only one.

El negro y el círculo. Un contrasentido en el vibrar
de los días. Una melodía indemne. Unos dados blancos:
sin puntos, sin círculos. Sólo la esfera: blanca y silenciosa.
Sólo una.

XIII
Homage to César Vallejo

The night was jammed in the shroud of the hours. A dull noise
rolled through the dark thicket. Faceless pain wounded the word.
The poet heard the sphere moan. It hid from its reflection.
Now it is in the ungraspable otherness of the winds.
In the nameless silence.

Homenaje a César Vallejo

La noche engranaba en la mortaja de las horas. Un ruido sordo
rodó por la espesura oscura. El dolor sin rostro hirió la palabra.
El bardo escuchó gemir a la esfera. Se ocultó de su reflejo.
Ahora está en la otredad inasible de los vientos.
En el silencio sin nombre.

XIV

There are *submissions* — there are *incantations* — there are *tribulations*
there are *depressions* — there are *chainings* — there are *ailments*
there are *sufferings* — there are *afflictions* — *afflictions* — *afflictions*.

Hay *sometimientos* — hay *encantamientos* — hay *sufrimientos*
hay *enamoramientos* — hay *encadenamientos* — hay *padecimientos*
hay *mientos* — hay *mientos* — *mientos* — *mientos*.

XV

Novalis and Salah Stétié
Two monks with bare feet
climb the mountain of mysteries
seeking the home of the Bayt
on the threshold of the slight cloudiness
Two blind monks
in the invisible otherness
—on the handrail of meaninglessness—
seek the golden rose of the winds
In the solar hour
of hurtful clarity
they seek the home of Light.

Novalis y Salah Stétié
Dos monjes con los pies desnudos
escalando el monte de los misterios
buscan el hogar del Bayt
en el umbral de la leve opacidad
Dos monjes ciegos
en la otredad invisible
—en el barandal del sin sentido—
buscan la rosa dorada de los vientos
En la hora solar
de la hiriente claridad
buscan el hogar del Bayt.

XVI
Homage to Kenko

The Yoshida hermitage. The manuscripts and the blood
in the letter. Poems on the wind. In the open.
The Shinto, the Tao. Buddha and Kong. The eyes of Shinto.
The brush and the letter. The sandals of the monk treading
the land of the north. Now the sunbeam on the
horizon of the air.
The Buddha sleeps in his white lightness.

Homenaje a Kenko

La ermita Yoshida. Los manuscritos y la sangre
en la letra. Poemas al viento. A la intemperie.
El Shinto, el Tao. Budha y Kong. Los ojos de Shinto.
El pincel y la letra. Las sandalias del monje pisando
la tierra del norte. Ahora el rayo solar sobre el
horizonte del aire.
El Budha duerme en su blanca levedad.

XVII

It existed once
it had matter /It was the ARKHE.
It was the verb; it dwelt there
behind the sun. Forging
the presence. The light.
The salvation
of all souls.
Or none at all in principle.

Una vez existió
tenía materia /Era el ARKHE.
Era el verbo; allí moraba
detrás del sol. Forjando
la presencia. La luz.
La salvación
de todas las almas.
O de ninguna en principio.

XVIII

The girl with a mirror face; she lost herself
in the blues. Her silence scrutinized a nearby hill.
No more was heard. Only the birds joined
in her song. Only the silence emitted its
last note.

La muchacha de rostro espejo; se sumergió
en los azules. Su silencio escrutó una colina cercana.
Ya no se oyó más. Sólo los pájaros se unieron
a su canto. Sólo el silencio emitió su
última nota.

XIX

The verb, the silent aura. Invisible air on
our forehead. Space yielded to nothingness.
Rhythmic counterbalance in the fragile
conquest of timeless blues.
The silent aura.

El verbo, el aura silente. Aire invisible en
nuestra frente. Espacio cedido a la nada.
Contrapeso ritmado en la conquista
frágil de los azules atemporales.
El aura silente.

XX

High cloud-high bird of prey-lofty native-nature's aura-pray for us-
high hour-high exposure-the-sea-now-cloud.

Nube alta-alto azor-altiva nativa-aura natura-ora pro nobis-
ora alta-alta espesura-marea-ora-nube.

XXI

Sustained word. Word evading meaning.
Silent word; speechless. Mute word.
Premonition of a sound. Reflected word; reflection
of a word. Transmuted word.

Palabra sostenida. Palabra esquivando el sentido.
Palabra silente; carente de habla. Palabra muda.
Premonición de un sonido. Palabra reflejada; reflejo
de palabra. Palabra trasmutada.

XXII
Homage to Van Gogh

Bringing life and movement. The red-haired monk
calls it abhorring. Creating groups of figures;
of men looking at each other.
The bodies fold on the flat canvas.
They show their bare legs.
From right to left. Like Arabic
script. To abhor: flock of men in the light
and in the dark.

Homenaje a Van Gogh

Poner vida y movimiento. El monje de pelo rojo
le llama aborregar. Crear grupos de figuras;
de hombres que se miran los unos a los otros.
Los cuerpos en el lienzo plano se pliegan.
Muestran sus piernas desnudas.
De derecha a izquierda. Como una escritura
árabe. Aborregar: rebaño de hombres en la luz
y en la oscuridad.

XXIII

The man returns from time; just at
the moment when he is looking for another man.
But the reflection of their humanity is only shadows.
They do not recognize themselves in their human forms.
The return of man to himself.
The winter return.

El hombre retorna del tiempo; justo en
el momento en el que busca a otro hombre.
Pero el reflejo de su humanidad es sólo sombras.
No se reconocen en sus formas humanas.
El retorno del hombre a sí mismo.
El invierno retorno.

XXIV
Homage to Jorge Luis Borges

The city and its machine. Voracious and hopeless
anchovy. Antagonism between life and form
Vital creative movement. Embrace its Babylonian
temples of wisdom. They submerge life in
illusion. Now the form rises;
The gigantic form. She is the word.
She is the mother of all. At
the innocuous eternity of the labyrinth.

Homenaje a Jorge Luis Borges

La ciudad y su máquina. Aladroque voraz
y discontinuo. Antagonismo entre vida y forma
Movimiento vital creador. Abraza sus templos
babilónicos de sabiduría. Sumergen la vida en la
ilusión. Ahora se yergue la forma;
La gigantesca forma. Ella es la palabra.
Ella es la madre de todo. En
la eternidad inocua del laberinto.

XXV

We shall return. In the midst of what has breathed. We shall return.
In the slight flicker. We shall return. In the silence of the air.
We shall return. In the rumor of the mother rock. We shall return.
With gravitating hands. We shall return. With the blinded oleanders.
We shall return. In the circular hours. We shall return.
With a great sepia glow and silences. We shall return.

Retornaremos. En medio de lo respirado. Retornaremos.
En el parpadeo leve. Retornaremos. En el silencio del aire.
Retornaremos. En el rumor de la roca madre. Retornaremos.
Con las manos gravitadas. Retornaremos. Con las adelfas
enceguecidas. Retornaremos. En las horas circulares. Retornaremos.
Con un gran candor sepia y silencioso. Retornaremos.

BIOGRAPHIES / BIOGRAFIAS

Alfonso Solano is a photographer, educator, essayist, and poet. His photographic works have been accepted in the art salons of Aragua and Arturo Michelena in the city of Valencia. In the last five years, he has dedicated himself to the essay genre and his writings and literary critiques on artistic aspects of modernity have been published in the literary regional and national journals and magazines. He is the founder of the interactive, digital literary blog *Oxímoron*. His books include *Vuelo Vertical, La otredad visible, Las formas corpóreas del Fuego*. He is the Academic Director of the Academy of Art and Modeling AT Model Agency and creative director of the magazine *Calanches Moda Magazine*. He lives and works in Maracay, Venezuela.

DON CELLINI is a poet and translator and in his most recent work, *Fuera del jardín / Outside the Garden*, (El Taller Blanco Ediciones, Cali, Colombia), he is both the poet and the translator. He has published books of poetry translations by contemporary Mexican poets, including Roxana Elvridge-Thomas, Sergio Téllez Pon, Jaír Cortés, Anel Luna, Rossy Evelin Lima, Claire Joysmith, and Carmen Ávila. Additionally, he has also published books of poems by Venezuelan poets Amanda Reverón, Ricardo Hernandez, Néstor Mendoza, and Alfonso Solano. His work has been translated into Spanish, Italian, Catalán, and Greek. He is poetry editor for The Ofi Press and is professor emeritus at Adrian College in Michigan. www. doncellini.com.